GUIA PRACTICA PARA LA GESTION EXITOSA DE UN PROYECTO DE PUBLICACION EMPRESARIAL

MSc. Lisie Montiel Spluga

AGRADECIMIENTO

*A **Dios**, omnipresente, dador de vida, voluntad y fe.*

*A **Reliability and Risk Management** (en todas las latitudes en las que opera), por ser la empresa que me ha dado la oportunidad y el honor, durante muchos años, de ser la redactora de sus memorias, rol que he disfrutado inmensamente.*

A este momento, a este lugar, a estas circunstancias.

ÍNDICE

INTRODUCCIÓN

1. Definiendo el proyecto de publicación
2. Asignando roles y responsabilidades
3. Diseño de la estructura de contenido
4. Fuentes de información
5. Redacción, diseño y selección de ilustraciones
6. Medios para presentar la publicación
7. Versión preliminar, validación y ajustes
8. Momento de difundir la publicación

FUENTES CONSULTADAS

INTRODUCCIÓN

El camino recorrido por una empresa va acompañado de una serie de eventos y acontecimientos que construyen su experiencia, su esencia y su carácter, los cuales moldean y conforman la identidad y la imagen de la misma, tal como ocurre en la vida de las personas.

Resulta de gran valor constituir la memoria de estos hechos utilizando los medios adecuados para trazarlos y preservarlos, de tal manera que puedan servir de información fuente para los diversos documentos y publicaciones que se requieran elaborar con distintos propósitos: presentar la gestión y trayectoria de un período determinado, diseñar un material especial para aniversarios y conmemoraciones o como parte de la información de mercadeo y difusión de la empresa.

Cuando se define un proyecto de publicación es importante contar con un procedimiento donde se establezcan los pasos que se deben seguir, desde la obtención de la información base, la asignación de recursos y el equipo de trabajo hasta lograr los productos comunicacionales requeridos.

Una publicación empresarial abre la oportunidad de reforzar los compromisos, la lealtad hacia la marca, la promesa de valor hacia los clientes y grupos relacionados. Además, puede ser un vehículo para agradecer el apoyo de quienes han contribuido a la permanencia de la empresa en el mercado y a su posicionamiento.

El presente libro tiene como finalidad compartir los pasos esenciales para ser considerados en un proyecto de elaboración de una publicación empresarial (libro y/o revista), pasando por las diferentes etapas de conceptualización, asignación de recursos, calendarización, recopilación de fuentes de información, diseño y desarrollo de contenido e imágenes, hasta su presentación por medios impresos o digitales. Todo lo anterior, basado en un procedimiento que aporta la experiencia del autor, sustentándose en su trayectoria profesional relacionada con el desarrollo de este tipo de publicaciones.

La gestión de contenidos donde las empresas puedan presentar su historia y trayectoria, experiencias en sus productos y servicios, lecciones de aprendizaje y éxito, gente, tecnologías, impacto en las comunidades, entre otros, debe considerarse como una excelente e infaltable oportunidad dentro de la memoria corporativa.

1. Definiendo el proyecto de publicación.

Objetivo.

Cuando una empresa decide acometer el proyecto de generar una publicación, uno de los primeros pasos es definir el objetivo que se pretende alcanzar con la iniciativa y decidir el tipo de contenido que se quiere difundir.

Un proyecto de publicación empresarial puede derivarse de un lineamiento o requerimiento directivo o gerencial, o bien ser producto de una propuesta de las organizaciones relacionadas con las Comunicaciones Corporativas, Relaciones Públicas, Marketing, entre otros.

Su finalidad puede encaminarse a mostrar resultados periódicos de la gestión empresarial o hacer una recopilación de la trayectoria de la empresa, ya sea para conmemorar aniversarios (como material para proyectar la marca) o como forma de reconocer el talento humano que integra a la empresa o corporación; a la vez de ser un medio idóneo para ir trazando el acontecer de la vida empresarial, a lo largo de su historia.

Aunado al objetivo y a su contenido, la frecuencia con la que será generada la publicación (semestral, anual, multianual) es un aspecto importante al momento de orientar la búsqueda y la recopilación de la información requerida, para ese propósito.

Temas y tópicos.

El tipo de información que puede ser incluída en la publicación puede girar en torno a resultados operacionales, administrativos y gerenciales, historia e hitos de la organización, fortalezas y recursos, proyectos especiales, identidad corporativa e imagen, proyecciones a futuro, y otros puntos que la organización desee reflejar específicamente:

   a. Proyectos y actividades ejecutadas por las organizaciones y/o unidades de negocios durante el período.
   b. Acontecimientos relevantes que hayan ocurrido en los diferentes ámbitos: operacionales, técnicos, administrativos, entre otros.
   c. Cambios en la estructuras organizativas y societarias de la empresa o corporación
   d. Participación en eventos relevantes, congresos y otros.
   e. Celebraciones especiales, eventos deportivos, jornadas y talleres estratégicos.
   f. Proyectos de Responsabilidad Social.
   g. Iniciativas para abordar la perspectiva del futuro y la viabilidad de la empresa o corporación.

h. Otros que sean propuestos y aprobados en consenso.

Recursos.

De igual manera, se deberán definir los recursos que la empresa está en capacidad y disposición de asignar, con el fin de llevar a cabo las actividades asociadas a la gestión del proyecto de publicación, tales como:

a. Cantidad de personas que integrarán el equipo de trabajo.
b. Recursos financieros para cubrir aspectos como:
- Contratación de servicios profesionales externos, en caso de

que dentro de la plantilla de personal de la empresa no estén disponibles (redacción, diseño, publicidad, fotografía, entre otros).
- Pagos de gastos de vida por traslados y alojamientos, para búsquedas de información y entrevistas si no es posible abordar estas actividades a distancia (medios tecnológicos), siendo el caso de empresas grandes y unidades/departamentos dispersos geográficamente.
- Costo de los materiales impresos (si se desean versiones impresas de la publicación).
- Otros.

2. Asignando roles y responsabilidades.

Una vez que la iniciativa de la publicación sea aprobada dentro de la organización, es importante que los departamentos y organizaciones responsables de ejecutarla establezcan el plan para desarrollar las diversas tareas requeridas en el proceso.

Generalmente, estas publicaciones son competencia de áreas relacionadas con el manejo de los medios y las comunicaciones corporativas, las relaciones públicas, el talento humano, marketing y otros relacionados.

No obstante, puede darse el caso de que la actividad sea asumida como un **Proyecto Especial** y asignada a un grupo de trabajo que incluya personas de diversas áreas y departamentos.

Equipo de trabajo.

Normalmente, para llevar a cabo este tipo de proyecto, puede establecerse un equipo de trabajo con la siguiente estructura:

> a. **Un Coordinador de Proyecto**, quien será el que controle la ejecución y los recursos asignados, establezca las comunicaciones y los contactos necesarios para lograr el apoyo en el

flujo de la información y, además, quien realice el seguimiento oportuno para cumplir con los tiempos establecidos y minimizar las desviaciones.
b. **Un Recopilador de información**, quien solicitará, recibirá y organizará la información, interactuando con cada una de las organizaciones proveedoras de la misma.
c. **Un Redactor y editor** de cada uno de los puntos que se hayan definido en el contenido, dándole a la publicación la adecuada ilación de las ideas.
d. **Un Diseñador gráfico**, quién se ocupará –como lo indica su nombre- de diseñar y/o recolectar las ilustraciones que acompañarán tanto las secciones internas como el exterior de la publicación.

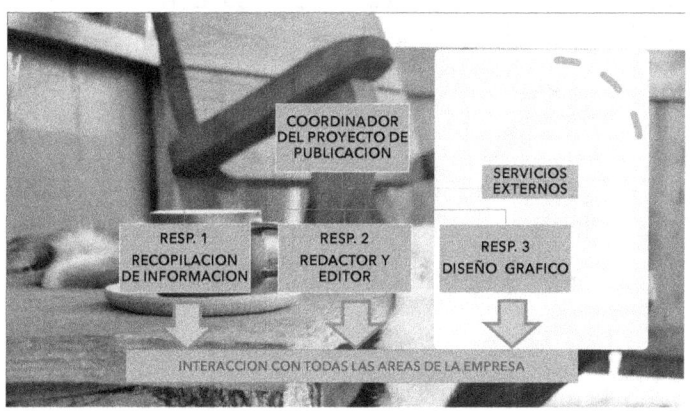

Cronograma de trabajo.

Es recomendable que las tareas relacionadas al proyecto sean iniciadas con suficiente tiempo, para poder cumplir con la fecha de entrega acordada.

Normalmente este tipo de iniciativas son un trabajo adicional a las actividades que las personas ya tienen bajo su responsabilidad dentro de la empresa, razón por la cual se sugiere iniciar con un *tiempo mínimo de seis meses* antes de la fecha meta para la entrega de la publicación.

En el caso de que el desarrollo de la publicación sea una tarea asignada a un equipo de trabajo a dedicación exclusiva, el tiempo para desarrollarla pudiera ser menor al indicado.

Cuando se requieran servicios externos, hay que verificar el impacto de éstos en el tiempo de ejecución del proyecto (sesiones con fotógrafos profesionales, tiempos de impresión en el caso que la publicación vaya a presentarse por esta vía, otros servicios).

Considerar además los tiempos de revisión y validación en cada etapa y de cada sub-producto, además de la revisión final.

PROYECTO PUBLICACION ANIVERSARIO EMPRESA XXX

Período resaltado: 1 — Duración del plan — Inicio real — % Completado

ACTIVIDAD	INICIO DEL PLAN	DURACIÓN DEL PLAN	INICIO REAL	DURACIÓN REAL	PORCENTAJE COMPLETADO
Actividad 01: Recopilacion de información	1	2	1	4	25%
Actividad 02: Diseño y estructuración	1	5	2	6	10%
Actividad 03: Diseño de imágenes	2	4	2	5	35%
Actividad 04: Revisión y validación	3	3	4	6	10%

PERIODOS: 1 2 3 4 5 6 7 8 9 10 11 12 13 14 15 16 17 18 19 20

3. Diseño de la estructura de contenido.

Una vez conformado el equipo de trabajo, el coordinador del proyecto procederá a convocar a una reunión para iniciar oficialmente la actividad de desarrollo de la publicación.

Además de comentar con el equipo el propósito de la iniciativa que les ha sido asignada, los recursos, el cronograma y los aspectos de la ejecución, uno de los puntos de mayor relevancia en la agenda será definir la estructura de contenido que se le dará a la publicación.

En este sentido, podrán aplicarse técnicas como la tormenta de ideas u otra adecuada al propósito de generar propuestas de orientación en cuanto al contenido. También pudiera darse el caso de que exista un lineamiento directivo o gerencial acerca de los aspectos que se deseen ver reflejados en la publicación.

Dependiendo del caso, la actividad de estructurar el contenido pudiera ser tema de más de una sesión de trabajo.

Una vez que aquél haya sido definido, se activarán los roles de todas las personas del equipo, comenzando por la del recopilador de información, quien irá suministrando material fuente a la persona que tendrá a cargo la redacción y la edición. En forma simultánea, la persona encargada del diseño y la selección de imágenes puede ir conceptualizando las ilustraciones que acompañarán al contenido seleccionado.

En esta actividad es importante revisar toda la información concerniente a la identidad corporativa de la empresa, para que la publicación esté alineada con los elementos oficialmente establecidos en el manual que normalmente existe para regular este aspecto o bien, en otro documento que lo contemple.

Historia de la empresa.

Describir cómo fueron los inicios de la empresa, la idea que la originó, sus fundadores, las primeras actividades, proyectos, clientes es un punto infaltable en este tipo de publicaciones, sobre todo cuando el propósito es conmemorar aniversarios.

Combinar la descripción del redactor con los testimonios y las entrevistas a sus fundadores (cuando sea posible) ayuda a dar mayor validez al escrito.

Productos y servicios.

Contemplar una reseña de los productos y líneas de servicios en la que se centra la empresa, su evolución y propuesta de valor.

Filosofía de gestión.

La misión, visión, principios y valores que rigen a las organizaciones son elementos que ayudan a definir la orientación de la empresa, sus actividades y lo que de ella se genera.

*"La **misión** y visión permite perfilar los objetivos de la **empresa**, la manera que se aproximará a su público y sus estrategias de crecimiento y desarrollo futuro. La **misión** y visión es en esencia la declaración de principios de la **empresa**. Es su base teórica, lo que justifica su existencia y para qué ha sido creada".*

Estructura organizativa y Unidades de Negocios.

Hacer una breve descripción de cómo está organizada la empresa en cuanto a departamentos, unidades de negocios, sedes, jerarquía y niveles, a manera de información general y sin profundizar en los detalles de operación.

Talento Humano.

Considerar la participación de las personas que día a día están en el quehacer de la empresa, mediante entrevistas, frases, opiniones, etc., hace de la publicación un medio de acercamiento y refuerzo del sentido de pertenencia.

Se deben incluir, tanto en las áreas técnico-operacionales como en las administrativas y de apoyo, aspectos como: gestión del capital humano, asuntos legales, salud y seguridad ocupacional, sistemas de información, entre otros.

Plataformas tecnológicas.

Si la empresa ha hecho uso de plataformas tecnológicas, es pertinente incluir su evolución en el tiempo y su impacto en las actividades, así como en los procesos y en los productos y servicios.

Dentro de éstas pueden incluirse los sistemas de información corporativos, software especializados y la comunidad Social Media que apalanca la comunicación y el mercadeo.

Hitos.

Los eventos relevantes que han marcado pauta en las operaciones de la empresa, nuevos productos y servicios, nuevos mercados, cambios en los procesos, en los esquemas operacionales y todo lo que ha contribuído de manera impactante al desarrollo éxitoso y continuo de las operaciones.

Participación en actividades especiales.

Es oportuno reforzar la imagen proactiva de la empresa, reseñando su rol en eventos especiales, intercambios, jornadas de trabajo y actividades orientadas a mejorar la socialización y el clima organizacional.

Aporte a la comunidad y el entorno.

Esto se refiere a la imagen de la empresa como una entidad comprometida con el ámbito de la sociedad de la que forma parte, su accionar responsable y sus aportes de diversas maneras tanto en programas de responsabilidad social externa como interna.

Viabilidad futura.

Es el apartado de la publicación donde la empresa hace gala de sus planes de crecimiento futuro, con la mirada optimista y retadora; la oportunidad sustentada en hechos concretos combinada con los sueños y los deseos. Los mejores augurios para nuevos horizontes.

De ser posible, incluir discursos del personal gerencial y directivo, en esta sección, imprime fuerza y confianza.

INDICE

RESEÑA HISTORICA
SOCIOS
FILOSOFIA DE GESTION
PRIMEROS PRODUCTOS Y SERVICIOS
SEDES
UNIDADES DE NEGOCIOS
HISTORIA DE PROYECTOS
APERTURA DE MERCADOS

EVOLUCION DE LA ORGANIZACIÓN
PERFILES
AREAS DE APOYO A LAS OPERACIONES
GESTION DE CAPITAL HUMANO
SALUD Y SEGURIDAD LABORAL
SISTEMAS DE INFORMACION

NUEVOS HORIZONTES...

INDICE

La empresa hoy.............

Perspectiva Operativa 2009-2013

Lineas de Productos y Servicios

Acciones Estratégicas

Acontecimientos...

Cambios en la estructura organizativa

Nueva imagen

Gente.............

Arribamos a 10 años

Mirando al futuro

Agradecimiento

Definiendo el título de la publicación.

Quizás en las sesiones de trabajo que se realicen para darle estructura al contenido de la publicación, pueda abordarse la definición del título que llevará la misma.

En ocasiones, este aspecto no es tan sencillo de decidir, pero se pueden ir analizando propuestas, las cuales irán decantándose a lo largo del proyecto hasta lograr el nombre que logre reflejar la intención que la publicación quiere transmitir a todos los públicos de interés.

Revisar información que pueda orientar en este sentido es altamente recomendable para el propósito de lograr un título atractivo.

Algunas recomendaciones al respecto:

      a. Utilizar números.
      b. Usar adjetivos interesantes.
      c. Aplicar una lógica única.
      d. Considerar el uso de qué, por qué, cómo, para qué y cuándo.
      e. Hacer una promesa audaz.

Basado en un artículo en inglés de GoinsWriter.com

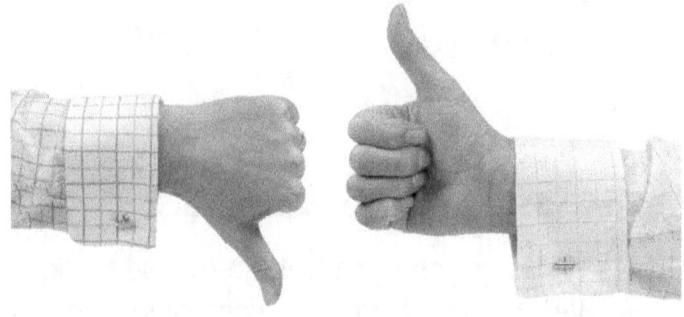

4. Fuentes de información.

Cuando se quiere honrar la trayectoria de una empresa o corporación es importante considerar toda la información asociada a los diversos ámbitos y actores que hacen vida dentro de las organizaciones.

Si bien las áreas operacionales o medulares *"core business"* son las consideradas principales dentro del negocio, como generadoras de ingresos, no deben dejar de reseñarse aquellas organizaciones de apoyo que han dado el soporte y el acompañamiento necesario durante toda la trayectoria empresarial, coadyuvando en la consecución de las metas y objetivos estratégicos.

Para abordar de manera integral el plan de recopilación de información, es recomendable que el coordinador del proyecto y la persona asignada dentro del equipo, para esta actividad, consideren los siguientes aspectos:

a. Propiciar la interacción y el apoyo de las organizaciones de la empresa.

Puede darse el caso de que el proyecto acerca de la publicación haya sido comunicado a todos los niveles de la organización, haciendo que el propósito para la búsqueda de la información ya sea conocido por las personas responsables de suministrarla.

En otros casos, el proyecto puede haber surgido como iniciativa, en alguna reunión, de los niveles gerenciales y/o directivos, dejando encargado a un vocero o persona responsable de informar al resto de la empresa y la consecuente asignación de las áreas que asumirán elaboración de la publicación.

En todo caso, el contacto con cada organización, en cuanto a la recopilación de la información, debe iniciarse con la formalidad de la comunicación escrita, para lo cual es recomendable que el coordinador del proyecto genere un correo electrónico explicando la iniciativa, los responsables asignados para llevarla a cabo, el tipo de información que será requerida y la descripción del proceso que se seguirá en la obtención de los registros.

Una vez que se da ese primer contacto, se pueden acordar conversaciones telefónicas, juntas presenciales o virtuales que permitan avanzar en la actividad, fungiendo como interlocutor del equipo de trabajo la persona asignada a la recopilación de la información.

Tips para la recopilación de la información.

Establecer una guía clara de la información que se requiere, antes de interactuar con las personas encargadas de proveerla:

- Indicar aspectos de interés que deba reflejar la información.
- Orientar en cuanto a la extensión de la información solicitada.
- Especificar formatos y medios computacionales requeridos para la entrega de la información.
- Establecer fechas límite de entregas.
- Otros aspectos que se consideren necesarios para lograr la fluidez del proceso.

b. Considerar la información que haya sido registrada en los medios comunicacionales corporativos.

Hoy día, es muy común que las empresas dispongan de website y redes sociales, entre algunos de los recursos que conforman su comunidad de Social Media.

Los registros de información manejados en estos medios constituyen una excelente base de datos para la publicación aniversario.

De allí que sea estratégico iniciar el contacto con los responsables de gestionar estos medios (Community Manager), con el fin de explicarles el proyecto e incorporarlos como proveedores de información.

c. Incluir entrevistas como parte de la publicación.

Pueden resultar una fuente de información fresca e integradora, puesto que dan el toque de actualidad a la publicación, generando un clima de participación deseable dentro de la organización.

Tratar de combinar entrevistas de personas de diversas áreas profesionales, cargos y niveles contribuye a dar un enfoque más amplio y variado a la obra; a la vez, refuerza vínculos y motiva el sentido de pertenencia hacia la organización.

De igual manera que en el literal a., se recomienda establecer una guía (tal como un cuestionario) para abordar aspectos importantes que se deseen obtener de parte del entrevistado, sin que ello signifique limitarlo en su deseo de manifestar otras ideas positivas y aportes para la publicación.

Una combinación de guía-cuestionario y un contenido aportado por el entrevistado con estilo libre, puede dar muy buenos resultados.

Cómo fueron sus inicios en esta empresa?

Cuánto tiempo tiene en la empresa?

En qué areas de la organización se ha desempeñado?

Cómo ha contribuído a su formación y crecimiento profesional?

¿Algún aspecto del trabajo desarrollado dentro de esta empresa de lo que esté especialmente orgulloso?

Expectativas para el futuro?

Redacción, diseño y selección de ilustraciones.

Redacción y edición.

Puede considerarse como una de las actividades de mayor sentido creativo, compenetración, ilación y coherencia para lograr integrar toda la información recabada, presentándola de una manera precisa, ligera y que realmente logre transmitir la esencia empresarial o corporativa.

La integración de las diferentes fuentes de información, con miras a conformar la estructura de contenido que se haya decidido, puede abarcar una cantidad de tiempo importante dentro del cronograma del proyecto.

La persona asignada para esta actividad debe contar con competencias sólidas en generación, redacción, edición y corrección de contenidos corporativos, de tal manera que logre expresar de una manera profesional y fidedigna, la trayectoria de la empresa y todos los aspectos relevantes que se deseen incorporar con el propósito de hacer reconocimiento de su historia, fundadores, líneas de productos y servicios, personal profesional, técnico y administrativo, la permanencia en el tiempo, su capital relacional y todos esos elementos que hayan dado lugar a la sinergia para el éxito.

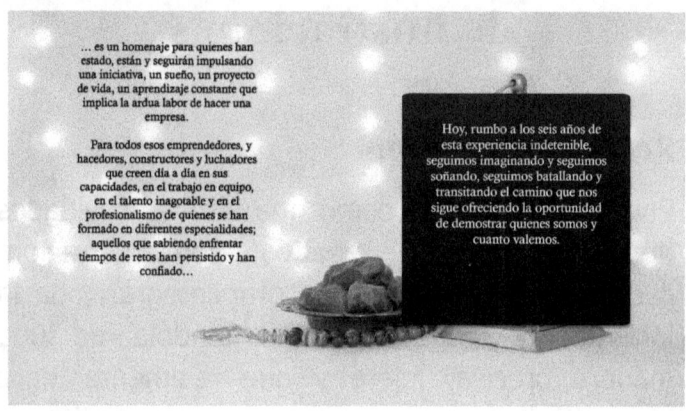

... es un homenaje para quienes han estado, están y seguirán impulsando una iniciativa, un sueño, un proyecto de vida, un aprendizaje constante que implica la ardua labor de hacer una empresa.

Para todos esos emprendedores, y hacedores, constructores y luchadores que creen día a día en sus capacidades, en el trabajo en equipo, en el talento inagotable y en el profesionalismo de quienes se han formado en diferentes especialidades; aquellos que sabiendo enfrentar tiempos de retos han persistido y han confiado...

Hoy, rumbo a los seis años de esta experiencia indetenible, seguimos imaginando y seguimos soñando, seguimos batallando y transitando el camino que nos sigue ofreciendo la oportunidad de demostrar quienes somos y cuanto valemos.

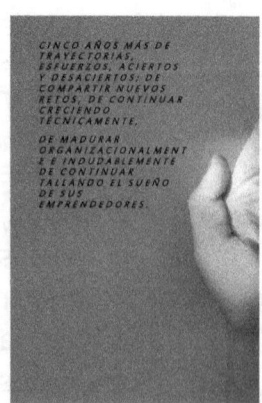

CINCO AÑOS MÁS DE TRAYECTORIAS, ESFUERZOS, ACIERTOS Y DESACIERTOS; DE COMPARTIR NUEVOS RETOS, DE CONTINUAR CRECIENDO TÉCNICAMENTE, DE MADURAR ORGANIZACIONALMENTE E INDUDABLEMENTE DE CONTINUAR TALLANDO EL SUEÑO DE SUS EMPRENDEDORES.

PERÍODO CARGADO DE EVENTOS QUE PUSIERON A PRUEBA LA CAPACIDAD DE RESISTIR CONDICIONES NO TAN FAVORABLES, DE CEDER Y ADAPTARSE PARA PODER PERMANECER, DE EXPLORAR NUEVOS ESQUEMAS Y MÉTODOS PARA CONTINUAR GENERANDO CONOCIMIENTO TÉCNICO Y HABILIDADES GERENCIALES COMO ELEMENTO INDUDABLEMENTE DIFERENCIADOR...

Puede darse el caso de que la persona asignada para esta actividad ya sea parte del personal de la empresa y quizás cuente con varios años dentro de la organización, lo cual sería una ventaja importante en virtud de que ya estaría en conocimiento de muchos aspectos, ganándose quizás un tiempo importante a favor del proceso.

Cuando el perfil de redactor corporativo deba ser contratado externamente, es importante que en el momento de entrevistar a la persona optante al cargo ésta cumpla los requisitos exigidos, en relación con:

La redacción de contenidos: saber redactar es fundamental, una buena ortografía, variedad de vocabulario y buena puntuación hará que tu texto sea entendido y valorado. Aunque parezca fácil, escribir es una tarea que requiere concentración, tiempo y dedicación. Un artículo, texto o publicación debe mostrar la personalidad de la empresa.

Dar forma y estructura: el orden de los contenidos es de suma importancia al momento de la interpretación.

Proponer: aportar al equipo de trabajo estrategias que considere apropiadas y efectivas tanto para usar determinado contenido como para difundirlo, sugiriendo los canales y las plataformas de distribución.

Es deseable solicitar al momento de la entrevista una muestra de su trabajo como redactor corporativo (publicaciones, blogs, artículos y similares), con objeto de validar las competencias y evitar conflictos posteriores que pongan en riesgo los tiempos de ejecución del proyecto de publicación.

Diseño y selección de ilustraciones interiores.

Con la finalidad de agregar el componente gráfico que realce el texto de cada sección, se ha de dedicar tiempo y recursos a la definición de las ilustraciones que serán parte del interior de la publicación.

Pueden diseñarse dibujos, esquemas y gráficos combinados con fotografías, las cuales se obtendrán bien sea a partir de sesiones programadas para su toma o seleccionándolas de una base o repositorio de imágenes, en el caso de que la empresa cuente con ella.

Entre los tipos de ilustraciones que pueden incorporarse a la publicación, se sugieren algunas relacionadas con fotografías, ilustraciones e imágenes de:

- Socios fundadores y socios actuales.
- Personal de las diversas unidades y departamentos.
- Sedes, oficinas, instalaciones.
- Líneas de productos y servicios.
- Líneas de tiempo de trayectoria empresarial.
- Líneas de tiempo de hitos técnicos, administrativos y gerenciales.
- Mapas de ubicación geográfica: sedes y sucursales, presencia en mercados.
- Elementos de identidad corporativa.
- Medios y plataformas tecnológicas con los que cuenta la empresa.
- Registros de propiedad intelectual y patentes industriales (si las tuviere).

- Asistencia a eventos, congresos, participación en actividades especiales, proyectos innovadores.
- Eventos deportivos y otros de socialización.
- Logos de clientes y proveedores (siempre que sea autorizada su publicación).
- Otros.

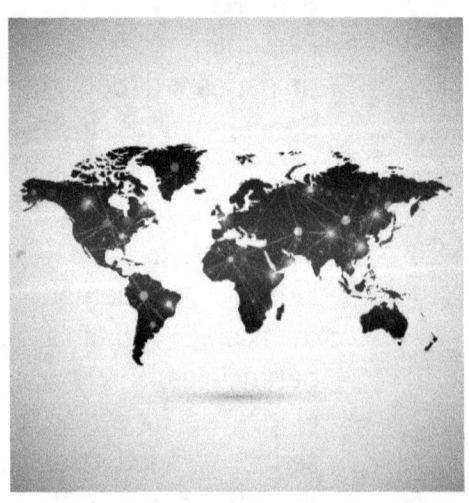

Diseño de cubierta y contracubierta.

Un buen diseño de cubierta es fundamental para atraer la atención del público lector hacia una publicación.

Tal como lo reseñan las bibliografías relacionadas al tema, la cubierta es un aspecto fundamental que hará destacar la publicación, razón por la cual debe cuidarse su diseño, por ser el "packaging" de la obra.

A la hora de elegir imágenes, tipografías o el texto, hay que tener presente que el diseño debe estar conectado con el contenido.

Si se opta por contratar a un diseñador profesional, se recomienda compartirle las ideas del equipo de trabajo, porque le serán muy útiles a la hora de orientarse y crear la mejor cubierta para la publicación.

El diseño de la cubierta, por lo general, llevará una imagen o una ilustración (aunque existen diseños muy elegantes compuestos solo de texto y colores sólidos o tramas como fondo alineados a la identidad corporativa). También debe incorporar el título del libro, el nombre del autor(es) y/o redactor(es).

El diseño también incluye la contracubierta, la cual debe continuar el concepto utilizado en la portada en cuanto a colores e imágenes (si las tuviera).

Imágenes y Tipografía.

De ser posible, se recomienda realizar unas sesiones de fotografías con profesionales del área, para lograr imágenes de mejor resolución y calidad. Un aspecto muy importante es cuidar de no infringir en derechos de autor.

En caso de los bancos de imágenes gratuitas, seguir las recomendaciones de reseñar los créditos correspondientes.

En el caso de esta publicación por ejemplo, la mayoría de las imágenes han sido tomadas de https://www.freepik.com, bajo la modalidad de descarga gratuita. En este caso, se han dado correspondientes créditos, los cuales se reseñan al final de la obra.

La tipografía es un elemento clave en el diseño de una cubierta, pues el tipo de fuente que se utilice debe complementar la imagen y, al tiempo, reflejar y reforzar tanto el tono como el estilo de la publicación. Es también importante que la letra sea legible.

Prueba y validación.

Aunque resulte mayor trabajo, se recomienda crear más de un modelo de cubierta.

Asimismo, reunir el equipo de trabajo y realizar una presentación de las opciones es una práctica que da buenos resultados.

Para este proceso de validación, resulta útil ser receptivo a las sugerencias, escuchar las opiniones de todos los integrantes que estuvieron vinculados con la elaboración de la publicación.

Puede que se inclinen claramente por alguno de los diseños, puede que les atraigan diferentes elementos de cada propuesta: la tipografía de una, el color de otra...

El objetivo será tratar de reunir los elementos que más han gustado en una nueva propuesta, con miras a lograr la cubierta perfecta para la publicación.

6. Medios para presentar la publicación.

Dependiendo de lo que la organización decida, en cuanto al medio comunicacional en el cual se presentará la publicación, deberá establecerse el plan de acción para abordar las particularidades de cada opción.

Medio impreso.

Si la decisión de la empresa es que la publicación sea presentada de manera impresa, deben realizarse con tiempo los correspondientes contactos con las imprentas y/o empresas especializadas en el ramo.

La solicitud de cotizaciones de precios y tiempos de entrega son aspectos fundamentales que deben tomarse en cuenta desde el inicio del proyecto, tanto para hacer el correspondiente apartado de recursos financieros como para garantizar que la publicación estará terminada e impresa en la fecha prevista por la empresa, a fin de darla a conocer, oportunamente, a la organización interna, a los clientes y a todos los grupos de interés.

Otro elemento muy importante que debe considerarse en la presentación impresa ha de ser el tipo de material que se piensa utilizar para la cubierta y la contracubierta, el tipo de papel que se seleccionará para su impresión, tintas, colores, tamaño recomendado, entre otros.

Las empresas que proveen los servicios de impresión normalmente suministran catálogos y muestras del tipo de producto y materiales que ofrecen.

Se debe tratar de acordar con el proveedor el suministro de una muestra de ejemplares preliminares, antes de recibir el total de publicaciones, para poder asegurar que todas las especificaciones fueron consideradas.

Medio digital.

En la actualidad, buena parte de las empresas cuentan con uno o varios medios digitales o electrónicos como son la página o sitio web, el blog, las redes sociales, los correos y las herramientas multimedia, entre otros. La utilización de estos para dar a conocer sus contenidos y publicaciones corporativas es una opción rápida y de gran alcance, puesto que implica no incurrir en presupuestos adicionales por impresión en papel, entre otras ventajas.

La presentación de la publicación en formato digital, es y será una excelente opción; no obstante, la decisión por un medio de presentación impreso dependerá de factores asociados a los requerimientos, las preferencias y las condiciones de las organizaciones.

La combinación de ambos medios también puede resultar una buena decisión, sobre todo cuando las publicaciones impresas estén destinadas a utilizarse con fines de mercadeo y como material destinado a entregarse en visitas estratégicas a clientes y aliados comerciales.

7. Versión preliminar, validación y ajustes.

Una vez que la publicación está lista en su versión preliminar, deberá ser sometida a las revisiones finales y validaciones que se consideren necesarias, por parte de los niveles de la organización correspondientes.

Esta validación deberá ser tanto sobre la redacción de los contenidos y la información expuesta, como sobre la forma de presentación de la publicación y su apego a los elementos de la identidad corporativa.

Debe ser la oportunidad para afinar la información (textos e imágenes), corregirla, mejorarla o retirarla en el caso de que no esté claramente expuesta y pueda ser motivo de confusión y ambigüedad.

Asegurarse de que en el calendario para el desarrollo del proyecto, este tiempo para la validación final no haya sido obviado, al igual que las revisiones intermedias que son recomendadas a lo largo de toda la ejecución del trabajo.

Otro aspecto por considerar en esta etapa del proyecto, si la presentación de la publicación será de manera impresa, es poder contar con la muestra de impresión preliminar que se haya podido acordar con el proveedor.

8. Momento de difundir la publicación.

Finalmente ha llegado la ocasión de dar a conocer el trabajo realizado.

Es importante decidir un momento especial y significativo para que este tipo de publicaciones sean presentadas a la organización, pudiendo ser en ocasión de la reunión anual de socios y accionistas, en una celebración aniversario de la empresa, en un evento de fin de año o en cualquier otra oportunidad que se considere importante y pueda realzar el valor del proyecto realizado.

El desarrollo de este tipo de publicaciones como práctica frecuente en las organizaciones contribuye a que sus integrantes se sientan reconocidos y representados, generando mayor entusiasmo y compromiso para ser partícipes en los futuros proyectos de esta naturaleza.

En tiempos en que las tecnologías contribuyen ampliamente a la difusión de la información, es muy oportuno el aprovechamiento de estas herramientas dentro de las corporaciones, con miras a publicar continuamente contenidos de valor que refuercen el camino recorrido por las organizaciones, su capacidad de resiliencia y de generar sinergia; dejando trazado en el tiempo el significado de lo que entraña el gran esfuerzo y trabajo que implica lo que comúnmente denominamos "empresa".

Fuentes consultadas.

En internet

https://tipseducacion.com/archives/179

https://sequio.com/regalos-empresa/haz-crecer-tu-negocio/aniversario-de-empresa-estrategias/

https://www.sinjania.com/como-crear-una-portada-profesional/

https://www.google.com/search?sxsrf=ALeKk01bKw-s7OxOfICBltI8feC6M0FNMg%3A1597689305860&ei=2c06X4WVNPCJtgWf5aG4CQ&q=importancia+de+la+mision+de+una+empresa&oq=importancia&gs_lcp=CgZwc3ktYWlQARgAMgQIIxAnMgQIABBDMgUIABCxAzIFCAAQsQMyAggAMgIIADIFCAAQsQMyAggAMgIIADICCAA6CAgAELEDEIMBCgoIABCxAxAUEIcCOgUILhCxAzoHCAAQFBCHAICnE1ieI2DqM2gAcAB4AIABlgGIAZ8KkgEDMi45mAEAoAEBqgEHZ3dzLXdppesABAQ&sclient=psy-ab

https://limagemarketing.es/marketing/redactor-corporativo/

Créditos de imágenes

www.freepik.com

1. "Designed by Pressfoto / Freepik"
2. "Designed by Racool_studio / Freepik"
3. "Designed by Kstudio / Freepik"
4. "Designed by master1305 / Freepik"
5. "Designed by iuriimotov / Freepik"
6. "Designed by katemangostar / Freepik"
7. "Designed by Freepik"
8. "Designed by Harryarts / Freepik"
9. "Designed by fanjianhua / Freepik"
10. "Designed by Freepik"
11. "Designed by bearfotos / Freepik"
12. "Designed by Freepik"
13. "Designed by Pressfoto / Freepik"
14. "Designed by yanalya / Freepik"